Служба и Акаѳістъ
Святителю Іѡанну,

Архїепкопу Шанхайскому й
Санъ-Францисскому, Чудотворцу

Издательство
Свято-Троицкого Монастыря
Тѵпографія прп. Іова Почаевскаго
Джорданвилль, Нью-Іоркъ

Напечáтано по блгословéнїю

Áрхїерéйскаго Сѵнóда

Рꙋ́сской Правослáвной Цéркви Заграницей

© 2001 Holy Trinity Monastery

ISBN: 978-0-88465-069-0

HOLY TRINITY PUBLICATIONS
The Printshop of St Job of Pochaev
Holy Trinity Monastery
Jordanville, New York 13361-0036
www.holytrinitypublications.com

Printed in the United States of America

СЛУЖБА

Иже во ст҃ыхъ ѻ҆ц҃у́ на́шемꙋ і҆ѡа́ннꙋ, а҆рхїепі́скопꙋ шанха́йскомꙋ и҆ санъ-франці́сскомꙋ, чꙋдотво́рцꙋ.

Мѣ́сѧца і҆ꙋ́нїа въ д҃і-й де́нь.
[пое́мъ є҆мꙋ̀ въ сꙋббѡ́тꙋ ближа́йшꙋю къ д҃і-мꙋ числꙋ̀]

На вели́цѣй вече́рни

Пое́мъ **Бл҃же́нъ мꙋ́жъ**, а҃-й а҆нтїфѡ́нъ.
На **Гд҃и воззва́хъ**, стїхи́ры на и҃, гла́съ ѕ҃, подо́бенъ: Всю̀ ѿложи́вше:

Воспои́мъ ст҃и́телѧ хр҃то́ва і҆ѡа́нна,* бг҃омъ дарова́ннаго моли́твенника на́мъ,* и҆́же моли́твѣ непреста́нной прилѣжа̀,* слꙋже́нїемъ же лїтꙋргі́и и҆ причаще́нїемъ ст҃ѣ́йшихъ та́инъ оу҆крѣплѧ́емь,* и҆схожда́ше на дѣ́ланїе своѐ бо́дренно,* поспѣша́ѧ въ до́мы стра́ждꙋщихъ* и҆ въ больни́чныѧ пала́ты къ ѡ҆брече́ннымъ:* сегѡ̀ ра́ди ѡ҆сще́нъ и҆ ми́лостивъ ꙗ҆ви́сѧ,* и҆сцѣле́нїй же и҆ прозрѣ́нїѧ да́ра свы́ше сподо́бленъ бы́сть.* и҆ ны́нѣ сы́й на небесѝ,* со дерзнове́нї_емъ мо́литсѧ* ѡ҆ спасе́нїи дꙋ́шъ на́шихъ.

Воспои́мъ ст҃и́телѧ хрⷭ҇то́ва і҆ѡа́нна,* ѻ҆тро_кѡ́мъ, ѻ҆трокови́цамъ и҆ младе́нцемъ любе́з_на цѣли́телѧ,* возра́стнымъ совѣ́тода́вца мꙋ́дра же и҆ тве́рда,* ма́теремъ ѡ҆ ча́дѣхъ и҆звѣ_сти́телѧ,* крещае́мымъ же и҆ вѣнчае́мымъ благослове́нїѧ пода́телѧ,* провожда́емымъ въ жи́знь вѣ́чнꙋю моли́твенника вѣрнѣ́йша,* ревни́телѧ лѣ́поты и҆ чи́на слꙋ́жбы бж҃їѧ,* па́с_тырѧ же и҆ а҆рхїпа́стырѧ,* предводѧ́ша ѻ҆́вцы своѧ̀ бг҃ода̑нныѧ,* къ немꙋ́же возопїи́мъ:* ѽ блаже́нне чꙋдотво́рче і҆ѡа́нне,* молѝ ѡ҆ на́съ, любо́вїю чтꙋ́щихъ тѧ̀!

Восто́къ и҆ за́падъ,* сѣ́веръ и҆ мо́ре ликꙋ́й_те,* па́мѧть пра́зднꙋюще ст҃и́телѧ чꙋдотво́р_ца* небеса̀ ра́дꙋйтесѧ,* а҆́гг҃ла но́ваго прїе́млю_ще,* мл҃твенника бг҃одꙋхнове́ннаго,* и҆ па́стырѧ безсре́бренника,* бл҃года́тнаго цѣле́бника,* прⷪ҇ро́ка и҆ бл҃говѣ́стника,* і҆ѡа́нна ми́лостиваго на́шего застꙋ́пника,* и҆ на сꙋдѣ̀ на́мъ крѣ́пка_го спорꙋ́чника.

Йны стїхи́ры, гла́съ г҃:

Преподо́бїемъ и҆ пра́вдою пожи́въ на землѝ, и҆ добрѣ̀ ста́до хрⷭ҇то́во ѹ҆па́съ, ве́тхаго человѣ́ка совле́клсѧ є҆сѝ, и҆ прило́ги вра́жїѧ ѿрази́лъ є҆сѝ, неѹсы́пнымъ бдѣ́нїемъ и҆ ѕѣ́льнымъ поще́нїемъ и҆ моли́твою пла́менною ко гдⷭ҇ꙋ, ю҆́же и҆ ѡ҆ на́съ нынѣ̀ вознесѝ, о҆́ч҃е і҆ѡа́нне.

Ка́кѡ не диви́мсѧ неѹсы́пномꙋ трезвѣ́нїю твоемꙋ̀, и҆ ка́кѡ не воспои́мъ по́стническое житїѐ твоѐ, посредѣ̀ бо мі́ра во ѕлѣ̀ лежа́щагѡ подвиза́лсѧ є҆сѝ, пꙋсты́нникѡмъ дре́внимъ ревнꙋ́ѧ. тѣ́мже и҆ любо́вь и҆́стиннꙋю ко гдⷭ҇ꙋ стѧжа́лъ є҆сѝ, є҆́юже покры́й на́съ чтꙋ́щихъ па́мѧть твою̀.

Добрый слꙋжи́телю хрⷭ҇то́ва є҆ѵⷢ҇лїа, и҆́же и҆́стинною правосла́вїѧ препоѧ́савсѧ, пра́щею словесъ твои́хъ волки тѧ́жкїѧ ѿгна́лъ є҆сѝ, не и҆сповѣ́дающыѧ хрⷭ҇та̀ и҆́стиннꙋю премꙋ́дрость бж҃їю, и҆ и҆ны́ѧ чꙋ́ждыѧ премꙋ́дрости и҆́щꙋщыѧ. тѣ́мже и҆ на́съ ѹ҆мꙋдрѝ во спасе́нїе, блаже́нне и҆ бг҃омꙋ́дре і҆ѡа́нне, чтꙋ́щыѧ свѣ́тлѡ всекра́снꙋю па́мѧть твою̀.

Сла́ва, гла́съ є҃:

Сла́ва, гла́съ ѕ҃:

Дне́сь собра́вшесѧ, воспои́мъ человѣ́ка бж҃їѧ, а҆рхїпа́стырѧ и҆збра́ннѣйшаго, свѣти́льника ру́сскагѡ разсѣѧ́нїѧ, оу҆чи́телѧ ꙗ҆зы́кѡвъ разли́чныхъ, стра́нника въ мі́рѣ се́мъ вре́меннѣмъ, наслѣ́дника премі́рнагѡ ца́рствїѧ нбⷭ҇нагѡ, і҆ѡа́нна, ст҃и́телѧ возлю́бленнагѡ, и҆ воззове́мъ къ нему̀: молѝ гдⷭ҇а при́снѡ ѡ҆ спасе́нїи дꙋ́шъ на́шихъ.

А҆́ще въ пѧто́къ ве́чера: И҆ ны́нѣ: бг҃оро́диченъ пе́рвый гла́са, а҆́ще же ни: И҆ ны́нѣ, бг҃оро́диченъ догма́тїкъ

гла́съ ѕ҃: Кто̀ тебѐ не оу҆блажи́тъ: Вхо́дъ, проки́менъ днѐ, и҆ чте́нїѧ г҃.

При́тчей чте́нїе.

Па́мѧть пра́веднагѡ съ похвала́ми, и҆ блго-слове́нїе гдⷭ҇не на главѣ̀ є҆гѡ̀. Бл҃же́нъ человѣ́къ и҆́же ѡ҆брѣ́те премꙋ́дрость: и҆ сме́ртенъ, и҆́же оу҆вѣ́дѣ ра́зꙋмъ. Лꙋ́чше бо сїю̀ кꙋпова́ти, не́жели зла́та и҆ сребра̀ сокрѡ́вища. Честнѣ́йшаѧ же є҆́сть ка́менїй многоцѣ́нныхъ: все́ же честно́е недосто́йно є҆ѧ̀ є҆́сть. Долгота́ бо дне́й,

и҆ лѣ́та

и҆ лѣ́та живота̀ въ десни́цѣ є҆ѧ̀: въ шꙋ́йцѣ же
є҆ѧ̀ бога́тство и҆ сла́ва: Ѿ ѹ҆́стъ є҆ѧ̀ и҆схо́дитъ
пра́вда, зако́нъ же и҆ ми́лость на ꙗ҆зы́цѣ но́-
ситъ. Послꙋ́шайте ѹ҆́бо менѐ, ѡ҆ ча̑да, честна̑ѧ
бо рекꙋ̀. И҆ бла́женъ человѣ́къ, и҆́же пꙋти̑ моѧ̑
сохрани́тъ: и҆схо́ди бо мои̑, и҆схо́ди живота̀, и҆
ѹ҆готовлѧ́етсѧ хотѣ́нїе ѿ гдⷭ҇а. Сегѡ̀ ра́ди
молю̀ ва́съ, и҆ предлага́ю мо́й гла́съ сынѡ́мъ
человѣ́ческимъ: ꙗ҆́кѡ а҆́зъ премꙋ́дрость ѹ҆стро́-
ихъ совѣ́тъ, и҆ ра́зꙋмъ и҆ смы́слъ а҆́зъ призва́хъ.
Мо́й совѣ́тъ и҆ ѹ҆твержде́нїе, мо́й ра́зꙋмъ, моѧ̀
же крѣ́пость. А҆́зъ менѐ лю́бѧщыѧ люблю̀,
и҆́щꙋщїи же менѐ ѡ҆брѧ́щꙋтъ бл҃года́ть. Разꙋ́-
мѣ́йте ѹ҆́бѡ, неѕло́бивїи, кова́рство, ненака́-
заннїи же, прилага́йте сердца̀. Послꙋ́шайте
менѐ и҆ па́ки, честна̑ѧ бо рекꙋ̀: и҆ ѿве́рзꙋ ѿ
ѹ҆сте́нъ пра̑ваѧ, ꙗ҆́кѡ и҆́стинѣ поꙋчи́тсѧ гор-
та́нь мо́й, ме́рзки же пре́до мно́ю ѹ҆стны̀ лжи̑-
выѧ. Съ пра́вдою вси̑ глаго́ли ѹ҆́стъ мои́хъ:
ничто́же въ ни́хъ стро́потно, нижѐ развра-
ще́нно. Всѧ̑ пра̑ва сꙋ́ть разꙋмѣва́ющымъ, и҆
прⷪ҇ста ѡ҆брѣта́ющымъ ра́зꙋмъ. Наꙋча́ю бо ва́съ
и҆́стинѣ, да бꙋ́детъ ѿ гдⷭ҇ѣ наде́жда ва́ша, и҆
и҆спо́лнитесѧ дх҃а.

Притчей чтенїе.

Оу҆ста̀ пра́веднагѡ ка́плютъ премꙋ́дрость, а҆зы́къ же непра́веднагѡ поги́бнетъ. Оу҆стнѣ̀ мꙋже́й пра́ныхъ ка́плютъ бл҃года́ти, оу҆ста́ же нечести́выхъ развраща́ютсѧ. Мѣ́рила льсти́ваѧ ме́рзость пред гдⷭ҇емъ, вѣ́съ же пра́ведный прїѧ́тенъ є҆мꙋ̀. И҆дѣ́же а҆́ще вни́детъ досажде́нїе, та́мѡ и҆ безче́стїе: оу҆ста́ же смире́нныхъ поꙋча́ютсѧ премꙋ́дрости. Соверше́нїе пра́выхъ наста́витъ и҆́хъ, и҆ поползнове́нїе ѿрица́ющихсѧ оу҆пасе́тъ и҆́хъ. Не по́льзꙋютъ и҆мѣ́нїѧ въ де́нь ꙗ҆́рости, пра́вда же и҆зба́витъ ѿ сме́рти. Оу҆́меръ пра́ный, ѡ҆ста́ви раска́ѧнїе: нарꙋ́чна же быва́етъ и҆ посмѣ́ѧтельна нечести́выхъ па́гꙋба. Пра́вда непоро́чнагѡ и҆справлѧ́етъ пꙋти̑, въ нече́стїе же па́даетъ непра́вда. Пра́вда мꙋже́й пра́выхъ и҆зба́витъ и҆́хъ: безсовѣ́тїемъ же плѣнѧ́ютсѧ беззако́ннїи. Сконча́вшꙋсѧ мꙋжꙋ праведнꙋ, не поги́бнетъ наде́жда: похвала́ же нечести́выхъ поги́бнетъ. Пра́ведникъ ѿ ло́ва оу҆бѣ́гнетъ, въ негѡ́же мѣ́сто преда́етсѧ нечести́вый. Во оу҆стѣ́хъ нечести́выхъ сѣ́ть гра́жданѡмъ, чꙋ́вство же пра́ведныхъ блгоспѣшное. Во блгихъ првныхъ исправится градъ, и въ погибели нечестивыхъ радованїе. Во блгословенїи правыхъ возвысится градъ, оусты же нечестивыхъ раскопается. Ругается гражданшмъ лишенный разума, мужъ же мудрый безмолвїе водитъ.

Премудрости соломшни чтенїе.

Праведникъ, аще постигнетъ скончатися, въ покои будетъ. Старость бо честна не многолѣтна, ниже въ числѣ лѣтъ исчитается: сѣдина же есть мудрость члвѣкшмъ, и возрастъ старости житїе несквернное. Блгоугоденъ бгови бывъ, возлюбленъ бысть, и живый посредѣ грѣшникъ, преставленъ бысть. Восхищенъ бысть, да не злоба измѣнитъ разума егш, или лесть прельститъ дꙋшꙋ егш. Раченїе бо злобы помрачаетъ добраꙗ, и паренїе похоти премѣнꙗетъ оумъ незлобивъ. Скончавсꙗ вмалѣ, исполни лѣта дшлга: оугодна бо бѣ гдеви дꙋша егш: сегш ради потщасꙗ ѿ среды лукавствїꙗ. Людїе же видѣвше и не разумѣвше, ниже положше въ помышленїи таковое:

ꙗкш

ꙗ́кѡ бл҃года́ть и҆ ми́лость въ прпⷣбныхъ є҆гѡ̀, и҆ посѣще́нїе во и҆збра́нныхъ є҆гѡ̀.

На лїті́и стїхи́ра хра́ма и҆ стїхи̑ры ст҃и́телю, гла́съ ѕ҃:

О́трокъ сы́й є҆щѐ мла́дъ, ѹ҆мили́лса є҆сѝ слове́сємъ хрⷭ҇то́вымъ, и҆́миже воззва̀ гдⷭ҇ь ст҃ы̑а а҆пⷭ҇лы пе́рвыа, си́це ре́къ: по мнѣ̀ гради́та, и҆ сотворю̀ вы̀ ловца̑ человѣ́кѡмъ. Внима́а же си̑мъ бж҃е́ственнымъ глаго́лѡмъ, ѿ смиренномꙋ́дре і҆ѡа́нне, ты̀ никакоже помы́слилъ є҆сѝ себѐ бы́ти жре́бїемъ подо́бна бж҃їимъ посла́нникѡмъ послѣ́днимъ и҆ насме́ртникѡмъ. са́мъ хрⷭ҇то́съ тѧ̀ вѣ́дый, тѧ̀ просла́ви. Бꙋ́ди же на́мъ ѹ҆вѣнча́нїе твоѐ къ покаѧ́нїю нелицемѣ́рномꙋ воззва́нїе, во спасе́нїе дꙋ́шъ на́шихъ.

Гла́съ а҃:

Безпло́тнымъ си́ламъ, непреста́ннѡ бг҃а хвалѧ́щымъ, досто́йнѡ поревнова́лъ є҆сѝ присноблаже́нный і҆ѡа́нне прпⷣбне, любо́вїю о҆́гненною твое́ю, сегѡ̀ ра́ди тѣ́хъ ликостоѧ́нїємъ сопричта́лса є҆сѝ.

А҆пⷭ҇ла

а̑пла блгода́тнаго време́нъ безблгода́т_
ныхъ, ю̑рѡ́дивымъ подража́теля прем҃драго, и̑
по́стникѡвъ великонра́внаго є̑диноревни́теля,
та̀, ѻ̑́тче і̑ѡа́нне, ве́лїй чꙋдотво́рче, восхва_
ля́емъ.

Сла́ва, гла́съ то́йже:

Ди́вномꙋ во ст҃ыхъ свои́хъ, бг҃ꙋ и̑ влⷣцѣ,
пѣ́нїе и̑ и̑спове́данїе принс́сиши непреста́ннѡ,
въ трїе́хъ лице́хъ познава́емомꙋ, въ сꙋществѣ̀
же є̑ди́номъ проповѣ́даемꙋ, хра́мъ сво́й въ
дꙋшѝ твое́й воздви́гшемꙋ, и̑ свѣ́томъ сво_
и́мъ присносꙋ́щнымъ ѡ̑сїа́вшемꙋ та̀, тобо́ю
же и̑ на́съ просвѣща́ющемꙋ.

И҆ ны́нѣ, бг҃оро́диченъ, гла́съ то́йже:

Ра́дꙋйся, пречⷭ҇тая дв҃о, ра́дꙋйся бг҃оневѣ́сто,
ра́дꙋйся, вѣ́рныхъ прибѣ́жище, ра́дꙋйся,
ст҃и́телей непреста́нное пѣ́нїе, ра́дꙋйся, хра́мы
твоѧ̑ воздви́гнꙋти дарова́вшая ꙋ̑го́дникꙋ
твоемꙋ̀, бл҃же́нномꙋ і̑ѡа́ннꙋ, є̑го́же моле́нїя
прїе́мши, спасѝ благоче́стнѡ пою́щыя та̀.

На стїхо́внѣ стїхи́ры,

На стїхо́внѣ стїхи́ры, гла́съ а҃, подо́бенъ·
Небе́сныхъ чино́въ:

Бо́дрствуѧ и҆ молѧ́сѧ во дни̑ и҆ въ нощи̑,* побѣжда́лъ є҆сѝ всѧ̑ и҆скꙋше́нїѧ вра̑жїѧ,* і҆ѡа́нне ст҃и́телю терпѣли́вѣйшїй,* ѿ младе́нства слꙋжи́ти пра́вдѣ бж҃їей восхотѣ́вый,* къ нѣ́номꙋ же ца́рствїю вы́нꙋ ѹ҆стремле́нъ,* сꙋ́щихъ здѣ̀ на земли̑ ѹ҆тѣша́ѧ, ми́ловалъ є҆сѝ.

Гла́съ ѕ҃:

Стїхъ: Во всю̀ зе́млю и҆зы́де вѣща́нїе и҆́хъ и҆ въ концы̀ вселе́нныѧ глаго́лы и҆́хъ.

Наслажде́нїе тлѣ́нное всеконе́чнѡ ѿри́нꙋвъ,* гдꙋ твоемꙋ̀ послѣ́довалъ є҆сѝ,* и҆ па́стырскїй же́злъ, ꙗ҆́кѡ тѧ́жкїй кре́стъ воспрї́имъ,* о҆́вцы твоѧ̑ ѹ҆пра́вилъ є҆сѝ,* пред ни́ми ходѧ̀ и҆ глаша́ѧ по и҆́мени,* и҆ мы̀ гла́съ тво́й до́брѣ вѣ́дꙋще,* вслѣ́дъ тебѣ̀ ходи́ти тщи́мсѧ,* ты́ же въ ра́дость гда̀ твоегѡ̀ ны́нѣ возше́дъ,* неѿлꙋче́нъ ѿ на́съ пребꙋ́ди.

Стіхъ: Небеса повѣдаютъ славу бжїю, твореніе же руку̀ е҆гẁ возвѣщаетъ твердь.

Наста́вникъ вои́стиннꙋ всемі́рный,* благочести́ѧ оу҆чи́тель* и҆ дх҃а ст҃а́гw сосꙋ́дъ и҆збра́нный показа́лсѧ є҆сѝ, бл҃же́нне і҆wа́нне,* тѣ́мже всѝ концы̀ тѧ̀ прославлѧ́ютъ,* ѿ востẃкъ со́лнца да́же до за̂падъ,* въ хра́мъ тво́й притека́юще къ моще́мъ твои҆мъ,* и҆сцѣле́нїѧ и҆ по́мощь въ ско́рбехъ прїе́млютъ,* ты̀ бо въ ра́дость гд҃а твоегẁ возше́дъ,* неѿлꙋ́чнw ѿ на́съ пребыва́еши.

Сла́ва, гла́съ ѕ҃:

Ѡ҆́бразъ вои́стиннꙋ бы́лъ є҆сѝ вѣ́рнымъ, сло́вомъ, житїе́мъ, любо́вїю, дꙋ́хомъ, вѣ́рою и҆ чистото́ю: тѣ́мже во всю̀ зе́млю и҆зы́де вѣща́нїе и҆справле́нїй твои́хъ, и҆ на небесѝ ѡ҆брѣ́лъ є҆сѝ мздꙋ̀ трꙋдẃвъ твои́хъ, но и҆ земны́хъ не разлꙋчи́лсѧ є҆сѝ, ꙗ҆́кw и҆сто́чникъ бл҃года́ти присноте́кꙋщїй, мо́щи твоѧ̀ на́мъ ѡ҆ста́вилъ є҆сѝ, и҆ ны́нѣ мо́лишисѧ во є҆́же до́брый пло́дъ дꙋхо́вный принестѝ на́мъ, и҆́же дарẃвъ твои́хъ наслади́вшымсѧ.

И҆ ны́нѣ,

И ны́нѣ, бг҃оро́диченъ, гла́съ то́йже:

Творе́цъ и҆ и҆зба́витель мо́й, пречⷭ҇та́ѧ, хрⷭ҇то́съ гдⷭ҇ь и҆з̾ твои́хъ ложе́снъ проше́дъ, въ мѧ̀ ѡ҆болкі́йсѧ, пе́рвыѧ клѧ́твы а҆да́ма свободѝ. тѣ́мже тѝ, всечⷭ҇та́ѧ, я҆́кѡ бж҃їи мт҃ри же и҆ дѣ́, вои́стиннꙋ вопїе́мъ немо́лчнѡ: ра́дꙋйсѧ а҆́гг҃льски, ра́дꙋйсѧ влⷣчце, предста́тельство и҆ покро́ве, и҆ спасе́нїе дꙋ́шъ на́шихъ.

Тропа́рь, гла́съ є҃:

По҆пече́нїе твоѐ ѡ҆ па́ствѣ въ стра́нствїи є҆ѧ̀,* сѐ проѡбра́зъ и҆ моли́твъ твои́хъ, за мі́ръ ве́сь при́снѡ возноси́мыхъ:* та́кѡ вѣ́рꙋемъ, позна́въ любо́вь твою̀, ст҃и́телю и҆ чꙋдо́творче і҆ѡа́нне.* Ве́сь ѿ бг҃а ѡ҆свѧще́нъ свѧ́щеннодѣ́йствїемъ пречи́стыхъ та́инъ,* и҆́миже при́снѡ оу҆крѣплѧ́емь,* поспѣша́лъ є҆сѝ ко стра́ждꙋщымъ, цѣли́телю ѿра́днѣйшїй:* поспѣшѝ и҆ ны́нѣ въ по́мощь на́мъ, всѣ́мъ се́рдцемъ чтꙋ́щымъ тѧ̀.

Два́жды, и҆ Бцⷣе дв҃о: а҃-жды.

Ѿнъ тропа́рь, гла́съ а҃:

Ст҃и́тельства да́ръ преѹмно́жилъ є҆сѝ,* сло́ва проповѣ́данїемъ а҆пⷭ҇лѡмъ поревнова́въ,* бдѣ́нїемъ же посто́мъ и҆ моли́твою съ прпⷣбны́ми вмѣни́лсѧ є҆сѝ,* клеветꙋ̀ и҆ понош�eнїѧ съ кро́тостїю прїе́млѧ.* сегѡ̀ ра́ди хрⷭ҇то́съ тѧ̀ просла́ви чꙋдесы̀,* и҆̀хже ѻ҆би́льнѡ и҆злива́еши на всѣ́хъ съ вѣ́рою притека́ющихъ къ тебѣ̀:* и҆ нн҃ѣ спаса́й на́съ моли́твами твои́ми,* і҆ѡа́нне досточꙋ́дне, ст҃и́телю хрⷭ҇то́въ.

На ѹ́трени,

✛

На оу́трени, на бг҃ъ гд҃ь,

Тропа́рь, гла́съ є҃: **Попече́нїе твоѐ ѡ҆ па́ствѣ:** Два́жды. А҆́ще сꙋббѡ́та: Сла́ва и҆ ны́нѣ: бг҃оро́диченъ а҃-й гла́са, а҆́ще же ни: Сла́ва и҆ ны́нѣ, бг҃оро́диченъ, гла́съ то́йже:

Ра́дꙋйсѧ, две́ре гд҃нѧ непроходи́маѧ: ра́дꙋйсѧ, стѣно̀ и҆ покро́ве притека́ющихъ къ тебѣ̀. ра́дꙋйсѧ, неѡбꙋрева́емое приста́нище, и҆ неискꙋсо-бра́чнаѧ, ро́ждшаѧ пло́тїю творца̀ твоего̀ и҆ бг҃а: молѧ́щи не ѡ҆скꙋдѣва́й ѡ҆ воспѣва́ющихъ, и҆ кла́нѧющихсѧ рождествꙋ̀ твоемꙋ̀.

По а҃-мъ стїхосло́вїи сѣда́ленъ, гла́съ є҃:

Бж҃їѧ сло́ва слꙋжи́телю вѣ́рный, и҆ дх҃а ст҃а́гѡ сосꙋ́де и҆збра́нный, ты̀ на ка́мени за́повѣдей хр҃то́выхъ до́мъ дꙋшѝ твоеѧ̀ оу҆тверди́лъ є҆сѝ, и҆ воздви́гшымсѧ вѣ́трѡмъ и҆скꙋше́нїй, не паде́-сѧ внꙋ́треннѧѧ хра́мина твоѧ̀, сегѡ̀ ра́ди и҆ вла́сть тебѣ̀ даде́сѧ чꙋ́вственномꙋ ви́хрю и҆ трꙋсꙋ̀ запрети́ти: но и҆ на́съ ѡ҆градѝ ны́нѣ ѿ волнъ мо́рѧ жите́йскагѡ, и҆ въ приста́нище ти́хое оу҆пра́ви.

Сла́ва и҆ ны́нѣ,

Сла́ва и҆ ны́нѣ, бг҃оро́диченъ, гла́съ то́йже:

И҆знемога́етъ сло́во, є҆́же пѣ́ти, влч҃це, вели́чїѧ твоѧ̑ и҆ сла́вити чꙋдеса̀ твоѧ̑ во всѧ́комъ ро́дѣ и҆ ро́дѣ, тѣ́мже кра́ткими глаго́лы и҆ мно́гимъ ѹ҆пова́нїемъ а҆рха́гг҃льски вопїе́мъ тѝ: ра́дꙋйсѧ, бл҃года́тнаѧ.

По в҃-мъ стїхосло́вїи сѣда́ленъ, гла́съ є҃:

Вѣ́рою и҆ любо́вїю па́мѧть твою̀, нб҃ный человѣ́че и҆ а҆́гг҃ле земны́й, всѝ почита́емъ дне́сь: въ мі́рѣ бо многомѧте́жнѣмъ пꙋсты́нникъ и҆́стиненъ бы́лъ є҆сѝ, и҆ стра́сти всѧ̑ ѹ҆мертви́въ, на высотꙋ̀ дꙋхо́внꙋю неѹ҆добозри́мꙋю дости́глъ є҆сѝ, вои́стиннꙋ чꙋ́до свѣтлѣ́йшее во мра́цѣ вѣ́ка сегѡ̀ бы́лъ є҆сѝ: сегѡ̀ ра́ди ѹ҆дивлѧ́емсѧ вели́цѣй сла́вѣ твое́й ꙗ҆́же на небесѝ, и҆ ѹ҆мили́ннѡ торжествꙋ́емъ прославле́нїе твоѐ.

Сла́ва, и҆ ны́нѣ, бг҃оро́диченъ, гла́съ то́йже:

Ѻ҆́ча̀ бж҃твеннаѧ премꙋ́дрость и҆ сло́во пре́жде вѣ̑къ сꙋ́щее, бж҃твенныѧ сла́вы неѿлꙋ́чное, ѿ тебє̀ же, бг҃ома́ти, нищетꙋ̀ на́шꙋ вос-

при́емлетъ

пріе́млетъ и҆ въ раби́й ѡ҆́бразъ нетлѣ́ннѡ воѡб_
ража́етсѧ, да къ пе́рвѣй сла́вѣ и҆ лꙋ́чшемꙋ
бл҃же́нствꙋ возведе́тъ дре́вле па́дшыѧ: тѣ́мже
тѧ̀, вѧ́тще, ꙗ҆́кѡ тобо́ю и҆зба́вленнїи, немо́лчнѡ
оу҆блажа́емъ.

Полꙋеле́й и҆ велича́нїе:

Велича́емъ тѧ̀, ст҃и́телю ѻ҆́че і҆ѡа́нне, и҆
чте́мъ ст҃ꙋ́ю па́мѧть твою̀, ты̀ бо мо́лиши за
на́съ хрⷭ҇та̀ бг҃а на́шегѡ.
Ѱало́мъ и҆збра́нный: Оу҆слы́шите сїѧ̑ всѝ ꙗ҆зы́цы,
внꙋши́те всѝ живꙋ́щїи по вселе́ннѣй.

По полꙋеле́й сѣда́ленъ, гла́съ д҃:

Сла́вы дре́внихъ ст҃ы́хъ прензра́дный ревни́_
телю, восто́кꙋ невѣ́домыхъ и҆ за́падомъ не_
бреже́нныхъ, тѣ́хъ стопа́мъ послѣ́довалъ є҆сѝ,
и҆ предста́тельствомъ и҆́хъ покрыва́ѧсѧ, є҆ди_
новсе́льникъ тѣ́хъ по сме́рти ꙗ҆ви́лсѧ є҆сѝ, мы̀
же къ твоемꙋ̀ застꙋпле́нїю прибѣ́гаемъ нынѣ̀:
не пре́зри оу҆бо́гихъ, ѻ҆́че і҆ѡа́нне, но въ ст҃о́е сїѐ
собра́нїе введѝ на́съ, ꙗ҆́кѡ є҆динонадеса́тагѡ
ча́са дѣ́лателей, да взы́демъ на мѣ́сто по_
слѣ́днее, средѝ перворо́дныхъ цр҃кве, торже_
ствꙋ́юще.

Сла́ва и҆ ны́нѣ,

Сла́ва и ны́нѣ, Бг҃оро́дичен, гла́съ то́йже:

Соше́дшеся дне́сь, соверша́емъ торжество̀ ди́внагѡ ст҃и́теля і҆ѡа́нна, и҆́же воздви́же тебѣ̀ хра́мъ, вл҃чце, я҆́кѡ всѣ́мъ скорбѧ́щымъ ра́дость и҆ немощны́мъ по́мощь и҆ и҆сцѣле́нїе ты̀ є҆сѝ, и҆ къ тебѣ̀ припа́даемъ, спору́чника сегѡ̀ и҆му́ще: помозѝ на́мъ въ не́мощехъ недꙋ́гꙋющымъ и҆ грѣхѝ мно́гими ѡ҆тѧгоще́н-нымъ, да твои́ми моли́твами ми́лость ѡ҆бра́щемъ вско́рѣ ᲂу҆ сн҃а твоегѡ̀ и҆ бг҃а на́ше-гѡ.

Степе́нна, а҆нтїфѡ́нъ д҃-гѡ гла́са.

Прокі́менъ, гла́съ д҃: Честна̀ пред гд҃емъ сме́рть прпⷣбныхъ є҆гѡ̀.

Сті́хъ: Что̀ возда́мъ гд҃ви ѡ҆ всѣ́хъ, я҆́же воздадѐ мѝ. Вся́кое дыха́нїе:

Е҆ѵⷢ҇лїе ѿ і҆ѡа́нна, зача́ло л҃є, ѿ полꙋ̀.

По н҃-мъ ѱалмѣ̀, стїхи́ра гла́съ ѕ҃:

Ра́дꙋются дне́сь правосла́вныхъ собо́ри, и҆ ликꙋ́юще свѣ́тлѡ, велича́ютъ свѣти́льника но́-ваго, дре́внимъ ст҃и́телємъ равносїа́тельна, на

КОНЕ́ЦЪ

конѐцъ вѣкѡ́въ возсїѧ́вшаго мі́ру и҆ земны́ѧ всѧ̀ концы̀ просвѣти́вшаго, і҆ѡа́нна пречу́днаго, прпⷣбнымъ спо́стника и҆ ст҃и́телємъ собесѣ́дника, и҆сповѣ́дникѡмъ ра́внаго крѣ́постїю и҆ безме́зднымъ цѣли́телємъ вѣне́цъ и҆ оу҆краше́нїе, при́снѡ молѧ́щасѧ ѡ҆ дꙋша́хъ на́шихъ.

Канѡ́нъ моле́бный прест҃ы́ѧ бцⷣы, гла́съ и҃:

Во́дꙋ проше́дъ:

И҆ канѡ́нъ ст҃и́телѧ, гла́съ д҃:

Пѣ́снь а҃.

І҆рмо́съ: Мо́рѧ чермнꙋ́ю пꙋчи́нꙋ, невла́жными стопа́ми, дре́внїй пешеше́ствова і҆и҃ль, крестоѻбра́зныма мѡѷсе́овыма рꙋка́ма а҆мали́ковꙋ си́лꙋ побѣди́лъ є҆́сть.

Бла́го є҆́сть воспѣва́ти оу҆го́дники бж҃їѧ, въ и҆́хже лицѣ̀ на́мъ ра́достнѣ свѣ́титъ ст҃ы́й і҆ѡа́ннъ, оу҆тѣша́ѧ, врачꙋ́ѧ є҆го̀ призыва́ющыѧ, и҆ наꙋча́ѧ на́съ ѻ҆́бразомъ многотрꙋ́днагѡ житїѧ̀ своегѡ̀ ревнова́ти ѡ҆ по́мощи сꙋ́щымъ въ бѣда́хъ.

Ѽ жела́нїе се́рдца бг҃олюби́вагѡ! возжела́лъ є҆сѝ є҆щѐ въ во́зрастѣ дѣти́щномъ и҆́стины

БЫ́ТИ

бы́ти побо́рникъ. Та́кw бо плѣни́ша тѧ по́_
вѣ́сти ѡ непощади́вшихъ жи́зни своѧ̀ за
пра́вдꙋ бж҃їю ди́вныхъ ст҃ы́хъ.

Привре́меннw недоꙋмѣ́ненъ бы́лъ є҆сѝ, є҆́же
каковы́й пꙋ́ть, во́инскїй и҆лѝ гражда́нскїй,
себѣ̀ и҆збра́ти. Но зрѣ́ѧше въ дꙋшѝ твое́й
крѣпча́йша мы́сль: всегẁ себѐ преда́ти на
слꙋже́нїе ст҃ѣй цр҃кви хрⷭ҇то́вой.

Бг҃оро́диченъ: Мы̀ ѡ тебѣ̀ хва́лимсѧ, бц҃е, и҆
къ бг҃ꙋ тѧ̀ и҆́мамы непосты̑дное предста́тель_
ство, простри́ рꙋ́кꙋ твою̀ нешбори́мꙋю и҆
сокрꙋшѝ врагѝ на́шѧ, низпослѝ твои́мъ ра_
бẃмъ по́мощь ѿ ст҃а́гw.

Пѣ́снь е҃.

І҆рмо́съ: Весели́тсѧ ѡ тебѣ̀ цр҃ковь твоѧ̀, хрⷭ҇тѐ, зо_
вꙋ́щи: ты̀ моѧ̀ крѣ́пость, гдⷭ҇и, и҆ прибѣ́жище и҆
ꙋ҆тверже́нїе.

Съ весе́лїемъ соверша́емъ па́мѧть твою̀,
а҆рхїпа́стырю на́шъ и҆ наста́вниче, покланѧ́емсѧ
честны́мъ и҆ нетлѣ́ннымъ мощє́мъ твои́мъ,
просѧ́ще моли́твъ твои́хъ.

Воспрїѧ́лъ

Воспрїѧ́лъ є҆сѝ ѻ҆́бразъ а҆́гг҃льскїй, и҆ ѡ҆болкса во всѧ̀ ѻ҆рꙋ́жїѧ бж҃їѧ, ѡ҆полчи́лса є҆сѝ проти́вꙋ дꙋхѡ́въ ѕло́бы поднебе́сныхъ, побѣжда́ѧ и҆̈хъ.

Не дава́лъ є҆сѝ снà дово́льна ѻ҆чесе́мъ тво_и҆мъ, не возле́глъ є҆сѝ на ѻ҆́дрꙋ во є҆́же почи́ти, оу҆подо́бивса ѻ҆ц҃е́мъ дре́влимъ, ѿ подви́ж_ниче.

Бг҃оро́диченъ: Ра́й жи́зни сꙋ́щи, бц҃е, сме́рти грѣхо́вныѧ и҆ страсте́й многоѻ҆бра́зныхъ и҆зба́_ви мѧ̀ вско́рѣ.

Сѣда́ленъ, гла́съ д҃:

Моли́тва твоѧ̀, ѻ҆́че і҆ѡа́нне, а҆́ки сто́лпъ ѻ҆́гненный до небе́съ досѧга́ай а҆́ви́са, пꙋтево_да́щъ і҆и҃лѧ но́ваго въ жите́йстѣмъ стран_ствїи, сегѡ̀ ра́ди чтꙋ́щымъ тѧ̀ терпѣ́нїе да́рꙋй и҆ благодаре́нїе гд҃ꙋ въ сердца́хъ насадѝ, да не а҆́коже ропо́тницы ѻ҆́ныѧ, є҆гѵ́петскихъ мѧ́съ рачи́телїе, ѡ҆сꙋ́димсѧ, но да сподо́бимсѧ землѝ ѡ҆бѣтова́нныѧ нетлѣ́нныхъ бла́гъ насладѝти_сѧ.

Сла́ва и҆ ны́нѣ, бг҃оро́диченъ, гла́съ то́йже:

Оу҆твержде́нїе на́мъ є҆сѝ, бг҃ома́ти, и҆

сщ҃е́нное

сще́нное прибѣ́жище влаю́щымсѧ прило́ги вра̑-
жіими, тобо́ю же покрыва́еми, проще́нїе грѣ̄-
хѡ́въ и̑ дерзнове́нїе ко гдꙋ̑ ѡ̑брѣта́емъ.

Пѣ́снь д҃.

Ї̑рмо́съ: Вознесе́на тѧ̀ ви́дѣвши цр҃ковь на крⷭ҇тѣ̀,
сл҃нце пра́ведное, ста̀ въ чи́нѣ свое́мъ, досто́йнѡ
взыва́ющи: сла́ва си́лѣ твое́й, гдⷭ҇и.

М҆но́жества рѡссі́йскихъ а̑рхїпа́стырей на-
ста́вникъ, зарꙋбѣ́жныѧ же цр҃кве начина́тель,
са́мъ сы́й ревни́тель мона́шескагѡ житїѧ̀, тѧ̀,
ст҃е і̑ѡа́нне, чꙋ́домъ на́шихъ дне́й и̑менова̀ и̑ въ
по́двизѣхъ крѣ́пкостоѧ́тельна.

А҆́ще хо́щете, лю́дїе, ст҃а́го жи́ва ви́дѣти, во
гра́дъ би́толь поспѣша́йте, зри́те та́мѡ ѻ̑ц҃а̀
і̑ѡа́нна! Та́кѡ се́рбскїй и̑мени́тый а̑рхїпа́стырь
и̑зречѐ, нра́вомъ же и̑ дѣ́лы і̑ѡа́нновыми вос-
хище́нный.

Ю҆́нѡши карпаторꙋ́сстїи, се́рбскїѧ богосло́-
вїи пито́мцы, ѡ̑ тебѣ̀ съ вели́кимъ оу̑миле́нї-
емъ повѣствова́хꙋ, ѡ̑ твое́мъ къ себѣ̀ непо-
щаде́нїи и̑ къ ни̑мъ любвѐ, є҆́же ка́кѡ ѡ̑сѣнѧ́лъ
є҆си̑ и̑хъ крⷭ҇тнымъ зна́менїемъ, ходѧ̀ междꙋ̀
спѧ́щими, поко́й и̑хъ соблюда́ѧ.

Бг҃оро́диченъ:

Бгоро́диченъ: Пречⷭ҇та́ѧ мт҃и гдⷭ҇а на́шегѡ и҆ дв҃о, ми́лꙋющаѧ и҆ грѣ́шнѣйшихъ рабѡ́въ свои́хъ, ꙗ҆́кѡ милосе́рдїѧ сокро́вищница пребога́таѧ, ѡ҆бнови́ на́съ, безмѣ́рнѡ ѡ҆бнища́вшихъ, всѣ́хъ скорбѧ́щихъ застꙋ́пнице и҆ ра́досте.

Пѣснь е҃.

І҆рмо́съ: Ты̀, гдⷭ҇и мо́й, свѣ́тъ въ мі́ръ прише́лъ є҆сѝ, свѣ́тъ ст҃ый, ѡ҆браща́ѧй и҆з̾ мра́чна невѣ́дѣнїѧ, вѣ́рою воспѣва́ющыѧ тѧ̀.

Подража́тель и҆́стинный хрⷭ҇то́въ бы́лъ є҆сѝ, ст҃и́телю, дꙋ́шꙋ полага́ѧй за па́ствꙋ свою̀, и҆ предста́лъ є҆сѝ пастыренача́льникꙋ непосты́днѡ.

И҆сцѣле́нїй да́ръ даде́сѧ тѝ є҆щѐ во пресвѵ́терствѣ, преꙋмно́жилъ є҆сѝ є҆гѡ̀ во дни̑ ст҃и́тельства, и҆ ᲂу҆соверша́еши въ и҆но́мъ и҆ вѣ́чномъ житїѝ.

Прпⷣбномꙋ наꙋ́мꙋ бы́лъ є҆сѝ содѣ́йственникъ во и҆сцѣле́нїихъ, со і҆кѡ́ною є҆гѡ̀ ст҃о́ю посѣща́ѧ до́мы стра́ждꙋщихъ.

Бгоро́диченъ: Бц҃е дв҃о, вселе́нныѧ блага́ѧ помо́щнице, цѣли́тельнице дꙋ́шъ и҆ тѣле́съ на́шихъ, ᲂу҆слы́ши на́съ и҆ въ де́нь се́й молѧ́щихсѧ тебѣ̀.

Пѣснь ѕ҃.

Їрмо́съ: Возопѝ, проѡбразꙋ́ѧ погребе́нїе тридне́вное, прⷪ҇ро́къ і́ѡна, въ китѣ̀ моля́сѧ: ѿ тлѝ и҆зба́ви мѧ̀, і́исе црⷭ҇ю̀ си́лъ.

Прїиди́те, восхва́лимъ бцⷣѣ хра́мъ воздви́гшаго, самого́ же всѣ́мъ скорбѧ́щымъ ра́дость и҆ хра́мъ дх҃а ст҃а́гѡ бы́вшаго.

Поспѣша́лъ є҆сѝ и҆ въ до́мы стра́ждꙋщихъ, и҆ въ пала́ты больни́чныѧ къ недꙋ́гꙋющымъ, ѡ҆ ни́хже сказа̀ тѝ гдⷭ҇ь, ꙗ҆́кѡ прⷭ҇чⷭ҇тыхъ та́инъ є҆гѡ̀ препода́тель.

Ты̀ болѧ́щымъ младе́нцємъ ꙗ҆ви́лсѧ є҆сѝ здра́вїѧ хода́тай, ст҃ы́й і҆ѡа́нне, скорбь роди́тельскихъ дꙋ́шъ премѣнѧ́ѧ на ра́дость, и҆ всѣ́мъ во́зрастѡмъ ты̀ показа́лсѧ є҆сѝ вожделе́нный помо́щникъ.

Бг҃оро́диченъ: Ѻ҆те́чества правосла́внагѡ лиши́хомсѧ, влⷣчце, внегда̀ во́лны гнѣ́ва гдⷭ҇нѧ над ни́мъ проидо́ша, занѐ храни́телїе сꙋ́етныхъ и҆ ло́жныхъ содѣ́яхомсѧ, внегда́ же скончава́тисѧ дꙋша́мъ на́шымъ, гдⷭ҇а поманꙋ́хомъ, да прїи́детъ къ немꙋ̀ тобо́ю на́ша моли́тва и҆ пѣ́нїе.

Кондакъ, гласъ д҃:

Хрⷭ҇тꙋ́ пастыреначѧ́льникꙋ послѣ́довавъ, во ст҃и́телехъ и҆зрѧ́днѣйшїй ꙗ҆ви́лсѧ є҆сѝ, спа́слъ бо є҆сѝ ѻ҆́вцы своѧ̀ ѿ гꙋби́тельства безбо́жныхъ, приста́нище ми́рное тѣ́мъ ѹ҆чреди́въ, и҆ попе-чѐ́нїе непреста́нное ѡ҆ па́ствѣ и҆мѣ́ѧ, врачева́лъ є҆сѝ и҆́хъ недꙋ́ги дꙋшє́вныѧ же и҆ тѣле́сныѧ, и҆ нынѣ̀ ѡ҆ на́съ къ твои́мъ честны́мъ мощє́мъ припа́дающихъ, молѝ хрⷭ҇та̀ бг҃а, ѻ҆́че і҆ѡа́нне, въ ми́рѣ спасти́сѧ дꙋша́мъ на́шымъ.

І҆́косъ: Небеса̀ нынѣ̀ съ на́ми ра́дꙋютсѧ, и҆ ли́цы ст҃ы́хъ прїе́млютъ но́вое и҆ пресла́вное ѹ҆краше́нїе: а҆п҃толи проповѣ́дника всемі́рнаго цѣлꙋ́ютъ, мꙋ́ченицы дрє́внїи восхвалѧ́ютъ ди́внѡ просла́вльшаго па́мѧть и҆́хъ, ст҃и́телїе собесѣ́дꙋютъ ра́вномꙋ въ словесѝ и҆ премꙋ́дрос-ти, бдѣ́нномꙋ же подви́жникꙋ прпⷣбнїи ди-вѧ́тсѧ, ца́рїе ст҃і́и моли́твенника ѡ҆ возста-новле́нїи ца́рства правосла́внагѡ почита́ютъ, безсре́бренницы съ цѣли́телемъ безме́зднымъ мздꙋ̀ нетлѣ́ннꙋю и҆ недѣли́мꙋю раздѣлѧ́ютъ: є҆ли́кѡ всесла́внѡ бы́сть слꙋже́нїе твоѐ, ѻ҆́че і҆ѡа́нне, та́кѡ и҆ вѣнцє́въ тебѣ̀ и҆сплете́сѧ мно-

ЖЕСТВО.

жество. но моли́сѧ ку́пнѡ съ ли́ки ст҃ы́хъ ко хрⷭ҇ту̀ бг҃у ѡ̀ на́съ, къ честны́мъ моще́мъ твои́мъ припа́дающихъ, въ ми́рѣ спасти́сѧ ду́ша́мъ на́шымъ.

Пѣ́снь г҃.

Їрмо́съ: Въ пещѝ авраа́мстїи Отроцы персі́дстѣй, любо́вїю благоче́стїѧ па́че, не́жели пла́менемъ ѡпалѧ́еми, взыва́ху: бл҃гослове́нъ є҆сѝ въ хра́мѣ сла́вы твоеѧ̀, гд҃и.

Сы́на свѣ́та и҆ днѐ бл҃года́ть вои́стинну тѧ̀ содѣ́ла: на всѧ́къ бо де́нь ст҃ы́ми та́йнами оу̀крѣплѧ́емь и҆ ѡбожа́емь, оу̀тверди́лъ є҆сѝ въ гдⷭ҇ѣ се́рдце твоѐ.

Ми́лостивымъ предста́тельствомъ твои́мъ вѣ́рныѧ и҆ невѣ́рныѧ спаса́хусѧ и҆ да́ры бл҃года́тныѧ прїима́ху, ты́ же, да́руѧ незави́стнѡ и҆сцѣле́нїѧ, во тьмѣ̀ пре́лести не ѡставлѧ́еши пребыва́ти заблу́ждшыѧ, но є҆ди́наго цр҃ѧ̀ сла́вы оу̀чи́ши правосла́внѡ воспѣва́ти во всѧ̑ вѣ́ки.

По́мощь и҆ оу̀тѣше́нїе и҆згна́ннымъ лю́демъ свои́мъ ди́внѡ сотворѝ гдⷭ҇ь, дарова́въ на́мъ тѧ̀ засту́пника, ст҃и́телю і҆ѡа́нне, но и҆ ны́нѣ покры́й на́съ ѿ вра̑гъ на́шихъ неви́димыхъ и҆ и҆з рукѝ всѣ́хъ, ненави́дѧщихъ на́съ.

Бг҃оро́диченъ:

Бгоро́диченъ: Ѿцы̀ на́ши согрѣши́ша и̂ пре́_
дани бы́ша въ ру́ки враго́въ беззако́нныхъ и̂
лука́внѣйшихъ па́че всеѧ̀ землѝ, что̀ о̎у́бо со_
твори́мъ, влⷣце, согрѣше́нїѧ роди́тельскаѧ
непреста́ннѡ о̎у́множа́юще, и̂ ка́кѡ ко́зней
лю́тыхъ и̂збѣ́гнемъ, а̂́ще не ты̀ засту́пиши
ка́ющыѧсѧ и̂ спасе́нїѧ тре́бующыѧ.

Пѣ́снь и̂.

І̂рмо́съ: Ру́цѣ распросте́ръ данїи́лъ, льво́въ зїѧ́нїѧ
въ ро́вѣ затчѐ, о̎́гненную же си́лу о̎у̂гаси́ша, добро_
дѣ́телїю препоѧ́савшесѧ, благоче́стїѧ рачи́тели о̎́троцы,
взыва́юще: бл҃гослови́те всѧ̑ дѣла̀ гдⷣнѧ гдⷭ҇а.

Се́рдце твоѐ распространи́сѧ ко всѣ̑мъ, лю_
бо́вїю молѧ́щымтисѧ, і̂ѡа́нне ст҃и́телю, помин_
а́ющымъ по́двигъ всегѡ̀ многотру́днагѡ жи_
тїѧ̀ твоегѡ̀, безболѣ́зненное же и̂ ле́гкое пре_
ставле́нїе твоѐ, о̎диги́трїи пречⷭ҇тыѧ вѣ́рный
слу́жителю.

Ничто́же возмо́же препѧ́ти тѝ, посѣща́ю_
щу въ больни́цѣ ча́дъ твои́хъ, па́стырю до́б_
рый, ни до́ждь, ни бу́рѧ, ни тьма̀ нощна́ѧ,
и̂ногда̀ никому́же зову́щу, дꙋ́хомъ предви́дѧ
ну́ждꙋ и́хъ, гдꙋ̀ поспѣ́шствꙋющꙋ и̂ о̎у̂казꙋ́ю_
щꙋ, да вси̂ просла́вѧтъ бг҃а о̎те́цъ на́шихъ.

Е̂гда̀

Є҆гда̀ ца́рства правосла́вна҄ѧ на землѝ падо́ша и҆ забве́нїю пре́дана бы́ша, не преста́лъ є҆сѝ побѣ́ды проси́ти царє́мъ бл҃говѣ́рнымъ въ дре́внихъ пѣ́снехъ неизмѣ́ннѡ, ꙗ҆́кѡ тѣ́хъ держа́ва бл҃гослове́нна є҆́сть ѿ бг҃а ѻ҆тє́цъ на́шихъ.

Бг҃оро́диченъ: Вели́читъ дꙋша̀ твоѧ̀, вл҃чце, гд҃а на́шегѡ и҆ ра́дꙋетсѧ дх҃ъ тво́й ѡ҆ бз҃ѣ сп҃сѣ и҆ сн҃ѣ твое́мъ. И҆ ка́кѡ смѣ́ли бы́хомъ мы̀ воспѣва́ти пѣ́снь твою̀, а҆́ще не бы̀ благоволи́ла сама̀ про҆ро́чески рещѝ, ꙗ҆́кѡ оу҆блажа́тъ мѧ̀ всѝ ро́ди.

Пѣ́снь д҃.

І҆рмо́съ: Ка́мень нерꙋкосѣ́чный ѿ несѣ́комыѧ горы̀, тебѣ̀ дв҃о, краеꙋго́льный ѿсѣ́чесѧ, хр҃то́съ, совокꙋпи́вый разстоѧ́щаѧсѧ є҆стества̀. тѣ́мъ веселѧ́щесѧ, тѧ̀, бц҃е, велича́емъ.

Поспѣша́ѧ ко стра́ждꙋщымъ, при́снѡ дꙋшꙋ твою̀ за ѻ҆́вцы твоѧ̀ полага́лъ є҆сѝ, тѣ́мже и҆ чꙋдотворе́нїй да́ръ тебѣ̀ даде́сѧ, моли́твами бо твои́ми немощствꙋ́ющїи препоѧ́сашасѧ си́лою, и҆ ни́щїи добродѣ́телїю ѿ гно́ища страсте́й воздвиго́шасѧ.

Заре́ю свѣ́тлою лю́демъ па́ствы твоеѧ̀ просїѧ́лъ є҆сѝ, ѻ҆́че і҆ѡа́нне, внегда̀ смꙋти́тисѧ дꙋша́мъ и҆́хъ въ годи́нꙋ бж҃їѧ гнѣ́ва, но помѧнѫлъ є҆́сть гдⷭ҇ь млⷭ҇ть свою̀ и҆ смире́нныѧ оу҆тѣ́ши тобо́ю.

Къ црⷭ҇твꙋ бж҃їю пꙋти̑ на̑ша напра́ви, послꙋжи́вый є҆мꙋ̀ преподо́бїемъ и҆ пра́вдою всѧ̑ дни̑ живота̀ твоегѡ̀, наста́ви ра́зꙋмъ люде́й твои́хъ ко спасе́нїю и҆ просвѣти́ во тьмѣ̀ и҆ сѣ́ни сме́ртнѣй сѣдѧ́щыѧ, ѻ҆́ч҃е бл҃же́нне і҆ѡа́нне, да ра́достнѡ пою́ще, соверша́емъ па́мѧть твою̀.

Бг҃оро́диченъ: Наста́ви но́ги на̑ша на пꙋ́ть ми́ренъ, всечⷭ҇та́ѧ влⷣчце, ми́ръ и҆́стинный къ человѣ́кѡмъ приве́дшаѧ, сн҃а твоегѡ̀, крⷭ҇то́мъ враждꙋ̀ оу҆праздни́вшаго и҆ дре́внаго сꙋпоста́та побѣ́днѡ низложи́вшаго.

Свѣти́ленъ:

А҆́ще и҆ оу҆мро́хъ, но жи́въ є҆́смь, не скорби́те, лю́дїе: си́це по преставле́нїи твое́мъ возвѣсти́лъ є҆сѝ, свѣ́томъ та́инственнымъ просвѣща́ѧ тѧ̀ пою́щыѧ, ѻ҆́ч҃е і҆ѡа́нне, ст҃и́телю преди́вный.

Сла́ва и҆ ны́нѣ, Бг҃оро́диченъ:

Ѡ҆ тебѣ̀, бц҃е дв҃о, ст҃і́и всѝ празднꙋ́юще ра́дꙋютсѧ, и҆ на тѧ̀ оу҆пова́емъ мы̀ рабѝ твоѝ

многогрѣ́шнїи,

многогрѣшнїи, зовꙋще: веселисѧ и радꙋйсѧ, м҃ти хр҃та вседержителѧ.

На хвалитехъ стїхи́ры, на д҃, гласъ д҃:

Благода́рнѡ воспоймъ, вѣрнїи, гд҃ꙋ бг҃ꙋ на́шемꙋ, и восхва́лимъ є҆го̀ по мно́жествꙋ вели́чествїѧ є҆гѡ̀, дарова́вшаго на́мъ застꙋ́пника и҆зрѧ́днаго, на землѝ чꙋдотвори́вшаго, и҆ съ небесѐ на ѹ҆бѡ́гїѧ призира́ющаго, є҆мꙋ́же нынѣ̀ принѡ́симъ пѣ́нїе и҆ къ моще́мъ є҆гѡ̀ припа́даемъ со стра́хомъ, и҆збавле́нїѧ прегрѣше́нїй просѧ́ще и҆ дꙋша́мъ на́шымъ спасе́нїѧ.

Добраго па́стырѧ и҆ дѣтопита́телѧ восхва́лимъ, се́й бо тща́нїе ѡ҆ па́ствѣ и҆мѣ́ѧ, наипа́че ѡ҆ дѣ́техъ сиро́тахъ и҆мѣ́ꙗше попече́нїе и҆ Ѻ҆би́тель и҆мъ сотворѝ, ст҃и́телѧ тѵ́хѡна въ по́мощь призва́въ, и҆ не ѡ҆ста́ви и҆́хъ въ бѣдѣ̀, сꙋ́щей бра́ни ѿ безбо́жныхъ, но да́же до кра́ѧ вселе́нныѧ въ ти́хое приста́нище преселѝ, є҆го́же моли́твами и҆ на́мъ, сп҃се, сотворѝ ми́лость.

Бдённое пёнїе совершающе, вёрнїи, восхвалимъ гда бга нашегw и егw добраго служителя, егоже избра, йкw не ѿ мїра бысть: сей бо ѻбразъ показа намъ терпёнїя и молитвы непрестанныя, бодростїю препобёждая тёлесе немощь, бжїею же мудростїю просвёщенъ, правыя вёры ревнитель бысть, вёрныя всакw наставляя. тёмже молитвами егw, хрте бже, подаждь намъ въ правой вёрё и блгочестїи пребыти.

Дивнаго бга во стыхъ своихъ, всакое дыханїе ѱаломски да восхвалитъ, на конецъ вёкwвъ низпославшаго намъ чудное оутёшенїе, їwанна, стителя всемїрнаго, истины поборника крёпкаго, посредё соблазнwвъ и лжи недвижнw пребывшаго, и ѿ мрачныя прёлести всА воздвизающаго и ко спасенїю насъ приводАщаго.

Слава, гласъ тойже:

Исповёдуемъ дивное заступленїе твоё, не таимъ чудесъ твоихъ, на насъ бывшихъ, ходатаю нашъ ко гду, стителю їwанне, имиже оупованїю православному wбучаеши насъ,

маловёрныхъ,

малов҄ѣрныхъ, и҆ оу҆ныва́ющихъ и҆ ропотли́выхъ, да тво́ими моли́твами по́мощь бж҃їю и҆ма́мы, ѐюже спаса́емсѧ ѿ ро́да сегѡ̀ развраще́ннагѡ, чтꙋ́щїи досто́йнѡ па́мѧть твою̀.

И҆ ны́н҄ѣ, бг҃оро́диченъ, гла́съ то́йже:

Бц҃е, вс҄ѣхъ цр҃и́це, правосла́вныхъ похвало̀, є҆рети́чествꙋющихъ шата҄нїѧ разорѝ, и҆ ли́ца и҆хъ посрамѝ, не кла́нѧющихсѧ, нижѐ чтꙋ́щихъ, пречⷭ҇таѧ, честны́й тво́й ѻ҆́бразъ.

Славосло́вїе вели́кое, Тропа́рь, и҆ ѿпꙋ́стъ.

На лїтꙋргі́и:

Бл҃же́нна, ѿ канѡ́на ст҃и́телѧ п҄ѣснь г҃ и҆ ѕ҃.

Прокі́менъ, гла́съ а҃: Оу҆ста̀ моѧ̀ возглаго́лютъ премꙋ́дрость, и҆ поꙋче́нїе се́рдца моегѡ̀ ра́зꙋмъ.

Стіⷯ: Оу҆слы́шите сїѧ̀ вси̑ ꙗ҆зы́цы, внꙋши́те вси̑ живꙋ́щїи по вселе́нн҄ѣй.

А҆пⷭ҇лъ ко є҆вре́ѡмъ, зача́ло тиі.

А҆ллилꙋ́їа, гла́съ ѕ҃: Оу҆ста̀ пра́внагѡ поꙋ́чатсѧ премꙋ́дрости:

Е҆ѵⷢ҇лїе ѿ і҆ѡа́нна, зача́ло л҃ѕ.

Прича́стенъ: Въ па́мѧть в҄ѣ́чнꙋю бꙋ́детъ пра́вникъ, ѿ слꙋ́ха ѕла̀ не оу҆бои́тсѧ.

А҆ка́ѳістъ
Ст҃и́телю І҆ѡа́ннꙋ,

А҆рхїепкопꙋ Шанха́йскомꙋ и҆
Санъ-Францисскомꙋ, Чꙋдотво́рцꙋ

Конда́къ а҃.

И҆збра́нный чꙋдотво́рче и҆ и҆зра́дный оу҆го́дниче хрⷭ҇то́въ,* всемꙋ̀ мі́рꙋ и҆сточа́яй ѻ҆би́льныѧ стрꙋи̑ дꙋхо́внагѡ наставле́нїѧ и҆ ди́вныхъ чꙋде́съ мно́жество,* восхвалѧ́емъ тѧ̀ съ любо́вїю и҆ зове́мъ ти́:* Ра́дꙋйсѧ, ст҃и́телю ѻ҆́че і҆ѡа́нне, въ бѣда́хъ ско́рый помо́щниче.

І҆́косъ а҃.

Їкосъ а҃.

А҃гг҃ла ѻ҆́бразомъ ꙗ҆вѝ тебѐ въ послѣ́днꙗѧ временà всеѧ̀ тва́ри созда́тель, да съ мт҃їю бж҃їею пече́шисѧ ѡ҆ лю́дехъ земны́хъ. взира́юще же на добродѣ́тели твоѧ̀, пребл҃же́нне і҆ѡа́нне, вопїе́мъ тѝ си́це: Ра́дꙋйсѧ, съ ра́ннагѡ дѣ́тства бл҃гоче́стїемъ ѹ҆кра́шенный. Ра́дꙋйсѧ, и҆́же со стра́хомъ и҆ тре́петомъ во́лю бж҃їю и҆спо́лнивый. Ра́дꙋйсѧ, и҆́же ꙗ҆ви́вый бл҃года́ть бж҃їю въ та́йныхъ бл҃годѣ́ѧнїихъ. Ра́дꙋйсѧ, бы́строе дале́че сꙋ́щихъ стра́ждꙋщихъ ѹ҆слы́шанїе. Ра́дꙋйсѧ, любвеѻби́льное поспѣше́нїе бли́жнимъ свои҆мъ во спсе́нїе. Ра́дꙋйсѧ, ра́дованїе всѣ́мъ съ вѣ́рою къ тебѣ̀ припа́дающымъ. Ра́дꙋйсѧ, ст҃и́телю ѻ҆́че і҆ѡа́нне, въ бѣда́хъ ско́рый помо́щниче.

Конда́къ в҃.

Кондакъ в҃.

В҄идѧще ѻбильное добродѣтелей твоихъ изліѧніе, ст҃ителю славный іѡанне, просвѣщаемсѧ дх҃омъ, ꙗкѡ живоносный источникъ чꙋдесъ бж҃іихъ напаѧеши насъ, вѣрнѡ вопіющихъ къ бг҃ꙋ: а҆ллилꙋіа.

Ікосъ в҃.

Р҄азꙋмъ имѣѧй преисполненный любве, кꙋпнѡ и бг҃ословіѧ, бг҃омꙋдре іѡанне, и бг҃опознаніемъ оꙋмꙋдренный, и къ страждꙋщымъ людемъ любовію оꙋкрашенный, познавати истиннаго бг҃а насъ наꙋчи, да и мы во оꙋмиленіи вопіемъ ти: Радꙋйсѧ, непоколебимаѧ твердыне истины православіѧ. Радꙋйсѧ, драгоцѣнный сосꙋде дх҃а ст҃агѡ. Радꙋйсѧ, честный ѡбличителю невѣріѧ и лжеꙋченіѧ. Радꙋйсѧ, ревностный исполнителю

заповѣдей

заповѣдей бжїихъ. Радуйсѧ, подвиж_
ниче не дай на ложи себѣ ѿдохновé_
нїѧ. Радуйсѧ, возлюбленный пастырю
стада хрⷭ҇това. Радуйсѧ, сⷮ҇ителю ѻⷱ҇че
їѡанне, въ бѣдахъ скорый помощниче.

Кондакъ г҃.

Силою блгодати бжїѧ блгїй сиро_
питатель й наставникъ юношамъ
ꙗвилсѧ єси, воспитуѧ въ страсѣ
бжїемъ й прїуготовлѧѧ йхъ къ служé_
нїю бгови. сегѡ ради чада твоѧ взира_
ютъ на тѧ й блгодарѧще вопїютъ бг҃у:
аллилуїа.

Їкосъ г҃.

Имѣѧше воистинну, ѻⷱ҇че їѡанне, съ
нбсе тебѣ пѣсни воспѣваемѣй
быти, а не ѿ земли: какѡ бо кто ѿ
чавѣкъ возмоглъ бы твоихъ дѣлъ
величїе проповѣдати; мы же, принося_

ще бг҃у, ꙗже и҆мамы, вопїемъ ти сице: Ра́дуйсѧ, непреста́нною мл҃твою покрыва́й ча́да твоѧ̑. Ра́дуйсѧ, ѿхрани́телю ста́да твоегѡ̀ кре́стнымъ зна́менїемъ. Ра́дуйсѧ, любвѐ вели́кїѧ вмѣсти́лище, не взира́й на ꙗ҆зыкѡвъ разли́чїѧ. Ра́дуйсѧ, свѣти́льниче всесвѣ́тлый и҆ вселюби́мый. Ра́дуйсѧ, ѻ҆́бразе моли́твы непреста́нныѧ и҆ мл҃рдїѧ. Ра́дуйсѧ, оу҆тѣше́нїй дх҃о́вныхъ пода́телю требу́ющымъ. Ра́дуйсѧ, ст҃и́телю ѻ҆́че і҆ѡа́нне, въ бѣда́хъ ско́рый помо́щниче.

Конда́къ д҃.

Б у́рею напа́стей ѿдолева́еми: ка́кѡ досто́йнѡ возмо́жемъ восхвали́ти чудеса̀ твоѧ̑, бл҃же́нне і҆ѡа́нне; ꙗ҆́кѡ проше́лъ е҆сѝ до коне́цъ вселе́нныѧ, сп҃се́нїѧ ра́ди па́ствы твоеѧ̀ и҆ бл҃говѣ́ствова́нїѧ е҆ѵⷢлїа су́щымъ во тмѣ̀.

бл҃годарѧ́ще

блгодарѧ́ще же бга за а̓пⷭльскїѧ трꙋды̀
твоѧ̑, воспѣва́емъ є̓мꙋ̀: а̓ллилꙋ́їа.

Ї҆косъ д҃.

Слы́шаша бли́жнїи и̓ да́льнїи вели́чїе
чꙋде́съ твои́хъ, бж҃їею мл҃тїю даже
до на́шегѡ вре́мене ꙗ̓влѧ́емыхъ, тѣ́м_
же въ тебѣ̀ бг҃ꙋ прославлѧ́ющемꙋсѧ
дивѧ́щесѧ, въ стра́сѣ вопїа́хꙋ: ра́дꙋйсѧ,
просвѣти́телю сꙋ́щихъ во тмѣ̀ невѣ́рїѧ.
ра́дꙋйсѧ, приведы́й люде́й твои́хъ съ
восто́ка да́льнагѡ до за́пада. ра́дꙋйсѧ,
и̓сто́чниче чꙋде́съ и̓злива́емыхъ бг҃омъ.
ра́дꙋйсѧ, съ любо́вїю вразꙋмлѧ́ѧй за_
блꙋ́ждшихъ. ра́дꙋйсѧ, ско́рый оу̓тѣ́ши_
телю ка́ющихсѧ ѡ̓ грѣсѣ́хъ свои́хъ.
ра́дꙋйсѧ, пꙋтевождю̀ градꙋ́щихъ пꙋте́мъ
пра́вымъ. ра́дꙋйсѧ, ст҃и́телю о́ч҃е і̓ѡа́н_
не, въ бѣда́хъ ско́рый помо́щниче.

кондакъ є҃.

Кондакъ ѕ҃.

Б҃годарованный свѣтъ ꙗвился ѥси, бꙋри всѣхъ лютыхъ разгоняꙗй, сꙋщихъ на ѻстровѣ ѿ вихрей смертоносныхъ мл҃твами твоими ѡхраняꙗй, ст҃ителю іѡанне, и крестнымъ знаменіемъ ѡграждаꙗй. наꙋчи и насъ, призывающихъ тѧ въ помощь, чꙋдотворче ст҃ый, къ бг҃ꙋ со дерзновеніемъ взывати: а҆ллилꙋїа.

Іꙿкосъ ѕ҃.

В҆идимъ многꙋю помощь твою въ напастехъ и ѡбстоѧнїихъ, преб҃лженне ѻ҆че іѡанне, дерзновенный бо ходатай пред пр҇толомъ бж҃їимъ и скорый въ бѣдахъ помощникъ ѥси. тогѡ ради и мы на твоѐ предстательство пред бг҃омъ оу҆поваемъ и вопїемъ ти: Ра́дꙋйсѧ, стїхїй ѡпасныхъ прогонителю.

Ра́дꙋйсѧ,

Ра́дꙋйсѧ, мл҃твою твое́ю ѿ нꙋ́ждъ
и҆збавлѧ́ѧй. Ра́дꙋйсѧ, а҆́лчꙋщымъ хлѣ́ба
прⷭ҇ный пода́телю. Ра́дꙋйсѧ, прїꙋготов-
лѧ́ѧй просѧ́щымъ и҆зоби́лїе. Ра́дꙋйсѧ,
ᲂу҆тѣ́шителю въ скорбехъ сꙋ́щихъ. Ра́-
дꙋйсѧ, мно́гихъ па́дшихъ ѿ поги́бели
и҆схи́тивый. Ра́дꙋйсѧ, ст҃и́телю ѻ҆́ч҃е
і҆ѡа́нне, въ бѣда́хъ ско́рый помо́щниче.

Конда́къ е҃.

Проповѣ́дꙋѧ спасе́нїе, ꙗ҆́кѡ но́вый
мѡѷсе́й гꙋгни́вый ꙗ҆ви́лсѧ є҆сѝ, и҆з-
водѧ̀ лю́ди твоѧ̑ и҆з плѣ́на безбо́ж-
ныхъ, пребл҃же́нне і҆ѡа́нне. и҆зба́ви и҆ на́съ
ѿ рабо́ты грѣхо́вныѧ и҆ врагѡ́въ неви́-
димыхъ, да ра́дꙋющесѧ вопїе́мъ къ бг҃ꙋ:
А҆ллилꙋ́їа.

І҆́косъ е҃.

Возсїѧ́въ прⷣвностїю твое́ю, совер-
ши́лъ є҆сѝ неисполни́мое, ѽ до́брый

пา́стырю:

па́стырю: преклони́лъ бо є҆сѝ вла́сти мі҆рскі́ѧ сострада́ти ѡ҆ лю́дехъ твои́хъ. тогѡ̀ ра́ди съ ни́ми кꙋ́пнѡ и҆ мы̀ бл҃года́рственнѡ вопїе́мъ тѝ: Ра́дꙋйсѧ, па́стырю до́брый, па́ствѣ твое́й, пре_ се́льникѡмъ, ти́хое приста́нище ᲂу҆гото́_ вавый. Ра́дꙋйсѧ ѡ҆ дѣ́техъ и҆ болѧ́щихъ наипа́че попече́нїе и҆мѣ́вый. Ра́дꙋйсѧ, ᲂу҆се́рднѡ тѧ̀ призыва́ющымъ вѣ́рнѡ помога́ай. Ра́дꙋйсѧ, ꙗ҆́кѡ въ немощ_ нѣ́мъ тѣлесѝ твое́мъ си́ла бж҃їѧ неза_ ви́стнѡ соверша́шесѧ. Ра́дꙋйсѧ, ѿрази́_ телю нападе́нїѧ нечести́выхъ. Ра́дꙋйсѧ, помрачи́телю лжѝ и҆ проѧви́телю и҆́сти_ ны. Ра́дꙋйсѧ, ст҃и́телю ѻ҆́ч҃е і҆ѡа́нне, въ бѣда́хъ ско́рый помо́щниче.

Конда́къ з҃.

Х отѧ̀ досто́йнѡ просла́вити дре́внихъ ст҃ы́хъ за́пада, ѿпа́дшагѡ ѿ и҆́сти_

ны, возстановилъ є҆сѝ почита́нїе и҆́хъ въ
цр҃кви правосла́вной, ѿ люби́телю
ст҃ы́хъ восто́ка и҆ за́пада. дне́сь съ ни́ми
на нб҃сѝ молѝ ѡ҆ на́съ, пою́щихъ на зем_
лѝ: а҆ллилꙋ́їа.

І҆́косъ з҃.

Н҆о́ваго ви́димъ тѧ̀ и҆збра́нника
бж҃їѧ, и҆́же вкꙋ́пѣ со ст҃и́тели дре́в_
нїѧ га́ллїи а҆ви́лсѧ є҆сѝ въ послѣ́днѧѧ
времена̀ а҆́кѡ є҆ди́нъ ѿ си́хъ, вдохнов_
лѧ́ѧ па́ствꙋ твою̀ соблюда́ти право_
сла́внꙋю вѣ́рꙋ, а҆́коже же сі́и на за́падѣ
и҆сповѣ́дахꙋ. сохранѝ и҆ на́съ въ вѣ́рѣ се́й
пребыва́ти, вопїю́щихъ тѝ: Ра́дꙋйсѧ,
но́вый марти́не въ воздержа́нїи, под_
вигзѣ́хъ и҆ чꙋдесѣ́хъ твои́хъ. Ра́дꙋйсѧ,
но́вый ге́рмане во и҆сповѣ́данїи твое́мъ
правосла́выѧ вѣ́ры. Ра́дꙋйсѧ, но́вый
и҆ла́рїе въ бж҃е́ственномъ бг҃осло́вїи.

Ра́дꙋйсѧ,

Ра́дуйсѧ, но́вый григо́рїе въ почита́нїи и̂ прославле́нїи оу̂го́дникwвъ бж҃їихъ. Ра́дуйсѧ, но́вый фа́ѵсте и̂ноческимъ оу̂се́рдїемъ. Ра́дуйсѧ, но́вый кеса́рїе въ тве́рдой любви̂ ко пра́вилwмъ цр҃кве бж҃їи. Ра́дуйсѧ, ст҃и́телю о̂́че і̂wа́нне, въ бѣда́хъ ско́рый помо́щниче.

Конда́къ и҃.

Стра́нное видѣ́нїе предста́ ти: въ земли̂ но́вѣй встрѣ́тилъ є̂си̂ па́ствꙋ твою̂ бы́вшꙋю, смꙋща́емꙋ скорбьми̂ мно́гими, но я̂́кw ди́вный па́стырь наста́вилъ є̂си̂ ю̂ поꙋче́нїемъ, терпѣ́нїемъ и̂ пра́ведностїю твое́ю, и̂ цр҃ковь бж҃їѧ мт҃ре, я̂́же всѣ́хъ скорбѧ́щихъ ра́дость є̂́сть, воздви́глъ є̂си̂: мы̂ же оу̂дивлѧ́ющесѧ терпѣ́нїю и̂ смире́нїю твоемꙋ̂, благода́рнw вопїе́мъ къ бг҃ꙋ: А̂ллилꙋ́їа.

Їкосъ й.

Всего́ себѐ преда́въ хр҇тꙋ́, бы́лъ є҆сѝ дѣ́латель вїногра́да є҆гѡ̀, бг҃оно́сне о́че, не вѣ́далъ бо є҆сѝ поко́ѧ до конца̀ многострада́льнагѡ живота̀ твоегѡ̀. помозѝ й҆ на́мъ недосто́йнымъ въ дѣ́ланїихъ на́шихъ й҆ въ на́шемъ прилѣ_жа́нїи въ вѣ́рности хр҇тꙋ́, да сла́вѧще, вопїе́мъ тѝ: Ра́дꙋйсѧ, претерпѣ́вый до конца̀ й҆ дости́гшїй спасе́нїѧ. Ра́дꙋйсѧ, пред їкѡ́ною бг҃ома́тере оу҆мре́ти сподо́_бивыйсѧ. Ра́дꙋйсѧ, посредѣ̀ гоне́нїѧ не_пра́веднагѡ мꙋ́жественный пра́вды хра_ни́телю. Ра́дꙋйсѧ, соверши́вый слꙋже́нїе своѐ до конца̀ й҆ кончи́нꙋ прїе́мый сѣ́дѧ, ꙗ́кѡ і҆ера́рхъ. Ра́дꙋйсѧ, по сме́рти оу҆тѣ́шивый па́ствꙋ чꙋде́снымъ свои́мъ возвраще́нїемъ. Ра́дꙋйсѧ, мно́гихъ чꙋде́съ пода́телю къ ра́цѣ твое́й съ вѣ_

рою и любовїю притекающымъ. Ра́дуй_
са, ст҃и́телю о́ч҃е іѡа́нне, въ бѣда́хъ ско́_
рый помо́щниче.

Конда́къ д҃.

В҃сѐ є҆сте́ство а҃гг҃льское восхожде́нї_
емъ твоеѧ̀ душѝ въ нб҃ныѧ ѻ҆би́_
тели возра́довашасѧ, мы̀ же оу҆див_
ла́ющесѧ твои́мъ чудесє́мъ на землѝ,
дѣ́йствомъ ст҃а́гѡ дх҃а ꙗ҆вла́ємымъ,
воспѣва́емъ бг҃у: А҆ллилу́їа.

І҆́косъ д҃.

В҃ѣті́и многовѣща́ннїи не возмо́_
гутъ и҆зобрази́ти по достоѧ́нїю
ст҃ости житїѧ̀ твоегѡ̀, ѽ пр҃вне о́ч҃е
іѡа́нне, поне́же до́мъ бл҃года́ти неизре_
че́ннагѡ бг҃а бы́лъ є҆сѝ, мы̀ же не
мо́жемъ оу҆молча́ти, чудесѝ ꙗ҆вле́ну
на́шему маловѣ́рному вѣ́ку дива́ще_

са, и прославлѧемъ тѧ сице: Радуйсѧ, бжⷭ҇твенныхъ наставленїй палато. Радуйсѧ, ꙗкѡ смиреннымъ дѣланїемъ аг҃глы сослужители себѣ сотворивый. Радуйсѧ, ѡбрѣтый вѣчное и нерукотворное жилище на небесѣхъ. Радуйсѧ, врачебнице, въ нейже всѧкъ недугъ ѿ бг҃а врачуетсѧ. Радуйсѧ, молитвеннагѡ подвига хранилище. Радуйсѧ, ѡсвѧщенный храме дх҃а ст҃агѡ. Радуйсѧ, ст҃ителю ѻ́че і́ѡанне, въ бѣдахъ скорый помощниче.

Кондакъ і҃.

Спасти хотѧ мїръ, и́же всѣхъ сп҃ситель, новаго ст҃агѡ посла намъ, и чрезъ негѡ изъ темныхъ глубинъ грѣховныхъ воззва ны. слышаще же ег҃ѡ насъ призывающа, мы недостойнїи взываемъ къ бг҃у: А҆ллилу́їа.

Ікосъ і҃.

Стѣна̀ є҆сѝ всѣмъ прибѣга́ющымъ къ твоемꙋ̀ нѣномꙋ застꙋпле́нїю, ѻ҆́че і҆ѡа́нне, тѣмже и҆ на́съ ѿ де́монскихъ нападе́нїй ѡ҆гражда́й, въ бѣда́хъ и҆ нꙋ́ждахъ, стꙋжа́ющихъ на́мъ на землѝ, помога́й, да съ вѣ́рою тебѣ̀ взыва́емъ: Ра́дꙋйсѧ, ѡ҆слѣ́пшихъ прозрѣ́нїе. Ра́дꙋйсѧ, си́лою мл҃твы жи́знь на сме́ртномъ ѻ҆дрѣ̀ сꙋ́щымъ подава́й. Ра́дꙋйсѧ, бг҃оѿкрове́нное вразꙋмле́нїе въ смѧте́нїи и҆ сомнѣ́нїихъ сꙋ́щымъ. Ра́дꙋйсѧ, спаси́тельнаѧ вла́го, ѡ҆роша́ющаѧ въ зно́йной печа́ли погиба́ющыхъ. Ра́дꙋйсѧ, си́рымъ и҆ ѡ҆ста́вленнымъ ѻ҆те́ческое застꙋпле́нїе. Ра́дꙋйсѧ, ст҃ый оу҆чи́телю и҆́щꙋщихъ и҆́стины. Ра́дꙋйсѧ, ст҃и́телю ѻ҆́че і҆ѡа́нне, въ бѣда́хъ ско́рый помо́щниче.

Кондакъ а҃і.

Пѣ́нїе непрестанное ко прест҃ѣ́й тр҃цѣ, преблаже́нне о҆́че і҆ѡа́нне, мы́слїю, словомъ и҆ добродѣ́ланїемъ принеслъ є҆сѝ: мно́гимъ разꙋмѣ́нїемъ и҆́стинныѧ вѣ́ры бж҃їѧ повелѣ́нїѧ ѹ҆ѧснилъ є҆сѝ, вѣ́рою, надеждою и҆ любо́вїю наставлѧ́ѧ на́съ въ тр҃цѣ є҆ди́номꙋ бг҃ꙋ воспѣва́ти: А҆лли_лꙋ́їа.

І҆́косъ а҃і.

Свѣтода́тельна свѣти́льника правосла́вїѧ сꙋ́щымъ во мра́цѣ невѣ́дѣ_нїѧ зри́мъ тѧ̀, ста́да хр҃то́ва до́брый па́стырю. та́кѡ и҆ по ѹ҆спѣ́нїи твое́мъ ꙗ҆влѧ́еши и҆́стинꙋ невѣ́дꙋщымъ є҆ѧ̀, просвѣ́щаѧ дꙋ́шы вѣ́рныхъ, вопїю́щихъ тѝ такова́ѧ: Ра́дꙋйсѧ, просвѣ́щенїе мꙋ́дростїю бж҃їею сꙋ́щихъ въ невѣ́рїи.

Ра́дꙋйсѧ,

Ра́дуйсѧ, ра́дуго ти́хїѧ ра́дости кро́т_кихъ. Ра́дуйсѧ, гро́ме, оу҆страша́ѧй во грѣсѣ̀ оу҆по́рствꙋющихъ. Ра́дуйсѧ, мо́л_нїе, є҆реси пожига́ющаѧ. Ра́дуйсѧ, ѡ҆дожде́нїе догма́товъ правосла́вїѧ. Ра́_дуйсѧ, ѡ҆роше́нїе бг҃омы́слїѧ. Ра́дуйсѧ, ст҃и́телю ѻ҆́че і҆ѡа́нне, въ бѣда́хъ ско́рый помо́щниче.

Конда́къ в҃і.

Бл҃года́ть, да́ннꙋю ти̏ ѿ бг҃а вѣ́дающе, сїю̀ съ бл҃гогове́нїемъ и҆ бл҃года́рно_стїю прїе́млемъ, къ застꙋпле́нїю твое_мꙋ̀ чꙋ́дномꙋ притека́юще, ѽ всехва́льне ѻ҆́че і҆ѡа́нне, твоѧ̑ же чꙋдеса̀ прослав_лѧ́юще, взыва́емъ къ бг҃ꙋ: а҆ллилꙋ́їа.

І҆́косъ в҃і.

Пою́ще хвалꙋ̀ бг҃ꙋ, небе́сный со́нмъ ст҃ы́хъ ра́дꙋетсѧ, ꙗ҆́кѡ не ѡ҆ста́ви

гд҃ь

гдⷭь па́дшїй и҆ безвѣ́рный мі́рꙜ, но
ꙗ҆ви́лꙜ є҆́сть всемог꙼ꙋщꙋю си́лꙋ свою̀ на
тебѣ̀, кро́ткомꙜ и҆ смире́нномꙜ слꙋ‐
жи́телѣ, ѿ бл҃же́нне о҆́ч҃е і҆ѡа́нне, и҆ мы̀
со всѣ́ми ст҃ыми ра́дꙋющеса, чти́мꙜ та̀
си́це: Ра́дꙋйса, но́ваа ѕвѣздо̀ пра́вед‐
ности, на нб҃ѣ возсїа́вшаа. Ра́дꙋйса,
но́вый про҇ро́че, по́сланный предⷣ коне́ч‐
нымꙜ воцаре́нїемꙜ ѕла̀. Ра́дꙋйса, ꙗ҆ко‐
же і҆ѡ́на ѡ҆ возме́здїи за грѣхѝ
предреки́й. Ра́дꙋйса, ꙗ҆́коже кр҇ти́тель
всѣ́хꙜ кꙜ моли́твѣ и҆ покаа́нїю при‐
зыва́вый. Ра́дꙋйса, ꙗ҆́коже па́ѵелꙜ мно́‐
гѡ терпѣ́вый ра́ди є҆ѵ҇лїа и҆ проповѣ́да‐
нїа вѣ́ры. Ра́дꙋйса, а҆по҇ле но́вый, свои́‐
ми чꙋдесы̀ вселѧ́ай вꙜ на́сꙜ благого‐
вѣ́йный тре́петꙜ и҆ вѣ́рꙋ. Ра́дꙋйса,
ст҃и́телю о҆́ч҃е і҆ѡа́нне, вꙜ бѣда́хꙜ ско́рый
помо́щниче.

Кондакъ гі.

Пресвѣ́тлый и преди́вный уго́дниче Бж҃їй, ст҃и́телю о́ч҃е на́шъ і҆ѡа́нне, утѣше́нїе всѣ́мъ въ скорбѣ́хъ су́щымъ, ны́нѣшнее на́ше мл҃твенное прїими́ приноше́нїе, да моли́твами твои́ми ѿ гее́нны о́гненныѧ и҆зба́вимсѧ и҆ бг҃опрїѧ́тнымъ твои́мъ хода́тайствомъ сподо́бимсѧ во вѣ́ки воспѣва́ти бг҃у: А҆ллилу́їа.

Кондакъ сей глаго́ли г҃жды.
та́же і҆косъ а҃-й, и҆ конда́къ а҃-й.

І҆косъ а҃.

А҆гг҃ла о́бразомъ ꙗ҆ви́ тебе́ въ послѣ́днѧѧ времена̀ всеѧ̀ тва́ри созда́тель, да съ мл҃тїю бж҃їею пече́шисѧ ѡ҆ лю́дехъ земны́хъ. взира́юще же на добродѣ́тели твоѧ̀, пребл҃же́нне і҆ѡа́нне, вопїе́мъ тѝ си́це: Ра́дуйсѧ, съ ра́ннагѡ дѣ́тства

благоче́стїемъ

бл҃гоче́стїемъ оукраше́нный. Ра́дуйсѧ, и҆́же со стра́хомъ и҆ тре́петомъ во́лю бж҃їю и҆спо́лнивый. Ра́дуйсѧ, и҆́же ꙗ҆ви_вый бл҃года́ть бж҃їю въ та́йныхъ бл҃годѣѧ́нїихъ. Ра́дуйсѧ, бы́строе дале́че сꙋ́щихъ стра́ждꙋщихъ оуслы́шанїе. Ра_дуйсѧ, любвеѻби́льное поспѣше́нїе бли́жнимъ свои́мъ во спсе́нїе. Ра́дуйсѧ, ра́дованїе всѣ́мъ съ вѣ́рою къ тебѣ̀ припа́дающымъ. Ра́дуйсѧ, ст҃и́телю ѻ҆́че і҆ѡа́нне, въ бѣда́хъ ско́рый помо́щниче.

Конда́къ а҃.

И҆збра́нный чꙋдотво́рче и҆ и҆зрѧ́дный оуго́дниче хр҃то́въ,* всемꙋ̀ мі́рꙋ и҆сто_ча́ѧй ѻ҆би́льныѧ стрꙋ̂и дꙋхо́внагѡ наставле́нїѧ и҆ ди́вныхъ чꙋде́съ мно́же_ство,* восхвалѧ́емъ тѧ̀ съ любо́вїю и҆ зове́мъ ти̂:* Ра́дуйсѧ, ст҃и́телю ѻ҆́че на́шъ і҆ѡа́нне, послѣ́днихъ време́нъ чꙋдотво́рче.

Мл҃тва а҃.

Ѽ ст҃и́телю ѻ҆́ч҃е на́шъ і҆ѡа́нне, па́стырю до́брый и҆ тайнови́дче дꙋ́шъ человѣ́ческихъ! нынѣ̀ оу҆ пр҃то́ла бж҃і́а за на́съ мо́лишиса, ꙗ҆́коже и҆ са́мъ посме́ртнѣ и҆зре́клъ є҆сѝ: а҆́ще и҆ оу҆мро́хъ, но жи́въ є҆́смь. оу҆молѝ всеще́драго бг҃а проще́нїе на́мъ во грѣсѣ́хъ дарова́ти, да бо́дреннѡ воспра́немъ, и҆ бг҃ꙋ возопїе́мъ ѡ҆ дарова́нїи на́мъ дх҃а смире́нїа, стра́ха бж҃і́а и҆ бл҃гоче́стїа во вса́ческихъ пꙋте́хъ жи́зни на́шеа, ꙗ҆́кѡ мл҃тивый сиропита́тель, и҆ и҆скꙋ́сный наста́вникъ на землѝ бы́въ, нынѣ̀ бꙋ́ди на́мъ пꙋтеводи́тель и҆ въ смꙋ́тахъ цр҃ко́вныхъ хр҃то́во вразꙋ́мленїе. оу҆слы́ши стена́нїе сма́те́нныхъ ю҆́ношей на́шегѡ лихолѣ́тїа, ѡ҆бꙋрева́_

емыхъ

емыхъ бѣснованіемъ вселꙋкавымъ, и
призри на оунынїе изнемогающихъ
пастырей ѿ оутѣсненїѧ тлетворнагѡ
дꙋха міра сегѡ и томѧщихсѧ въ
нерадѣнїи праздномъ, и оускори на
молитвꙋ, слезнѡ вопїемъ ти, ѽ теп_
лый млтвенниче: посѣти насъ сирыхъ,
по всемꙋ лицꙋ вселенныѧ разсѣѧнныхъ
и во ѻтечествїи сꙋщихъ, во тьмѣ
страстей блꙋждающихъ, но слабою
любовїю ко свѣтꙋ хртовꙋ влекꙋщихсѧ
и ждꙋщихъ твоегѡ ѻческагѡ настав_
ленїѧ, да блгочестїю навыкнемъ и
наслѣдницы цртвїѧ нбнагѡ ꙗвимсѧ,
идѣже ты пребываеши со всѣми
стыми, славѧще гда нашегѡ їиса хрта,
ꙗмꙋже честь и держава нынѣ и приснѡ
и во вѣки вѣкѡвъ. аминь.

Мл҃тва в҃.

Ѿ ст҃и́телю чꙋ́дне і҆ѡа́нне, толи́кѡ распространи́лъ є҆сѝ се́рдце своѐ, ꙗ҆́кѡ нетѣ́снѡ вмѣща́етсѧ въ не́мъ мно́жество почита́ющихъ тѧ̀ человѣ́къ ѿ разли́чныхъ племе́нъ и҆ наро́дѡвъ, при́зри на ѹ҆бо́жество слове́съ на́шихъ, ѻ҆ба́че ѿ любвѐ тебѣ̀ приноси́мое, и҆ помозѝ на́мъ, ѹ҆го́дниче бж҃їй, понѐ ѿны́нѣ ѡ҆чища́ти себѐ ѿ всѧ́кїѧ скве́рны пло́ти и҆ дꙋ́ха, рабо́тающе гдⷭ҇еви со стра́хомъ и҆ ра́дꙋющесѧ є҆мꙋ̀ съ тре́петомъ. и҆ что̀ возда́мы тебѣ̀ за ра́дость ѻ҆́нꙋю, ю҆́же ѡ҆щꙋти́хомъ, зра́ще въ хра́мѣ ст҃ѣ́мъ мо́щи твоѧ̑ ст҃ы̑ѧ и҆ прославлѧ́юще па́мѧть твою̀: вои́стиннꙋ, не и҆́мамы чи́мъ возда́ти, то́чїю: а҆́ще на́чнемъ себѐ и҆справлѧ́ти,

бꙑва́юще

бывающе но́вїи вмѣ́стѡ ве́тхихъ. сеѧ̀ блгⷣти ѡбновле́нїѧ бꙋ́ди на́мъ хода́тай, ст҃е іѡа́нне, помозѝ на́мъ въ не́мощехъ, и҆сцѣлѝ болѣ́зни, оу҆врачꙋ́й стра̑сти моли́твами твои́ми: преста́вленный же ѿ сегѡ̀ вре́меннагѡ во и҆но́е житїѐ вѣ́чное, въ не́же наста́ви тѧ̀ пречⷵтаѧ влⷣчца, ѻ҆дигитрїа разсѣ́ѧнїѧ рꙋ́сскагѡ, чꙋдотво́рною свое́ю і҆кѡ́ною коренно кꙋ́рскою, е҆́ѧже спꙋ́тникъ ты̀ ꙗ҆ви́лсѧ е҆сѝ въ де́нь преставле́нїѧ своегѡ̀, ра́дꙋешисѧ ны́нѣ въ лицѣ̀ ст҃ы́хъ, сла́вѧщихъ е҆ди́наго въ трⷪ҇цѣ сла́вимаго бг҃а, ѻ҆ц҃а̀ и҆ сн҃а, и҆ ст҃а́гѡ дх҃а, нн҃ѣ и҆ при́снѡ и҆ во вѣ́ки вѣкѡ́въ. а҆ми́нь.